AF258206

LE SÉNAT

ET LES

ÉVÉNEMENTS DE MARSEILLE

ADRESSE DES CATHOLIQUES DE MARSEILLE

A M. le Baron de LARCY, Sénateur

Monsieur le Sénateur,

« Les catholiques marseillais ont été très-émus par les généreux ac-
« cents de votre parole éloquente et indignée. Persécutés d'abord sur la
« voie publique, puis dans leur cimetière, où on leur a même interdit
« de prier avec le prêtre pour les morts qui leur sont chers, ils se de-
« mandaient, avec douleur, si ces actes d'intolérance ne seraient pas
« suivis de mesures encore plus iniques et si leurs temples ne seraient
« pas bientôt menacés.

« Notre population religieuse ne pouvait compter sur aucun des ses
« représentants pour défendre ses droits. Au point de vue politique, elle
« est comme une orpheline, privée de ses protecteurs naturels contre
« les menaces des factions et les injustices d'un pouvoir arbitraire.

« Vous avez, sans hésitation, pris en main, Monsieur le Sénateur, la
« défense de ses intérêts et de ses droits. Vous avez flétri l'oppression et
« vengé les opprimés. La situation de notre malheureuse cité a été ré-
« vélée dans toute sa triste réalité. La France entière est avertie du
« sort que lui réserverait le radicalisme triomphant. Votre parole ven-
« geresse fera tomber les dernières illusions des esprits crédules qui ont
« voulu jusqu'ici accorder quelque crédit aux hypocrites déclarations
« des révolutionnaires en faveur de la liberté de conscience.

« Berryer n'était plus là, comme vous l'avez dit vous même, avec
« douleur, Monsieur le Baron, pour protéger notre foi. Il appartenait à
« l'ancien ami, collègue et fidèle compagnon de luttes de l'illustre ora-
« teur qui représenta si longtemps Marseille, de faire revivre cette
« grande voix, pour justifier l'inscription de la tombe d'Augerville :
« *Defunctus adhuc loquitur !*

« Les maîtres du jour qui ne savent que se mettre, selon votre ex-
« pression sévère et juste, à genoux devant les libre-penseurs ne se
« résoudront peut-être pas encore à remplir les obligations de tout gou-
« vernement régulier ; mais votre parole n'aura pas protesté en vain
« contre les persécutions d'un pouvoir local qui prétend bouleverser,
« avec l'assentiment de l'autorité centrale, l'esprit fondamental de nos
« lois. La religion catholique est toujours celle de la grande majorité
« du peuple français, malgré les exigences actuelles qui voudraient
« faire supposer que la majorité du peuple français est atteinte de la
« folie de l'athéisme. Dieu merci, elle a sa foi, elle entend la garder, et
« elle saura gré aux hommes de cœur qui auront résisté, comme vous,
« aux iniquités d'une dictature d'un jour.

« Nous vous adressons, Monsieur le Sénateur, nos remerciments et
« l'expression de notre gratitude. Vous avez eu l'initiative dans cet im-
« posant débat ; c'est à vous qu'en revient d'abord l'honneur ; mais
« nous manquerions à tous nos devoirs et nous blesserions votre es-
« prit de justice, si nous n'offrions pas également notre vive reconnais-
« sance au jeune et vaillant orateur qui vous a si bien secondé par sa
« vigoureuse réponse au pitoyable discours du ministre. L'honorable
« M. Baragnon a admirablement caractérisé le péril de la théorie mi-
« nistérielle, qui prétend subordonner l'exercice de tous les droits aux
« convenances des hommes de désordre ; il a eu raison de dire aussi
« que tous les honnêtes gens, en France, ont reçu les soufflets donnés
« à la statue de Belsunce ; ils en rougissent encore de honte ; mais vo-
« tre discours et celui de votre digne collègue sont, pour eux, une
« première réparation. Ils en attendent d'autres, avec confiance, de la
« Justice de Dieu qui récompensera vos nobles efforts.

« Veuillez agréer, Monsieur le Sénateur, l'hommage de nos sen-
« timents reconnaissants et dévoués. »

(Suivent les signatures).

SÉNAT

(Séance du 14 Décembre 1878)

Extrait du JOURNAL OFFICIEL

M. le duc d'Audiffret Pasquier, Président. — La parole est à M. le baron de Larcy.

M. le baron de Larcy. C'est un usage constant, consacré par tous les précédents parlementaires, qu'à l'occasion du budget chaque membre des Chambres a le droit d'exprimer son opinion sur l'ensemble et sur les détails des affaires du pays.

Ce droit est incontestable. (Parlez ! parlez ! à gauche.)

M. Jules Favre. Il n'est pas contesté.

M. le baron de Larcy. Je me propose d'en user ; il n'est pas contesté et, par conséquent, je n'ai pas à expliquer pourquoi j'ai préféré ce mode de discussion à celui de l'interpellation que j'avais projetée. (Approbation.)

Je vais donc vous entretenir, comme j'en avais l'intention, de la situation de la ville de Marseille, des atteintes portées, selon moi, à ses intérêts religieux et moraux et à sa sécurité matérielle ; et, si quelques personnes croyaient ne pas devoir accorder une attention suffisante aux faits que je vais exposer parce qu'ils semblent particuliers à une seule ville, je répondrai que ces questions se rattachent, bien plus étroitement qu'on ne pourrait le penser à l'intérêt général, qu'il y a des symptômes qu'il est nécessaire, qu'il est urgent de considérer de près si on ne veut pas qu'ils se multiplient, et que le régime exceptionnel d'une ville devient le droit commun de la France entière (Assentiment à droite), ce qui ne serait pas prochainement impossible. (Rumeurs à gauche.)

Vous savez tous plus ou moins qu'à la suite des mesures contraires à un usage séculaire et aux traditions les plus respectables, des scènes déplorables ont eu lieu à Marseille à la fin de juin dernier. (Ah ! ah ! à gauche.)

Quoique j'y eusse été convié, j'aurais hésité à réveiller ces pénibles souvenirs si, depuis, tout récemment encore, ces mesures n'avaient pas été suivies d'actes de même nature qui révèlent, de la part de ceux qui sont chargés d'administrer la ville de Marseille, un système d'intolérance menaçant d'aller jusqu'à la persécution... (Exclamations à gauche.)

Attendez, messieurs, vous en jugerez... Système allant du moins jusqu'à la violation des lois les plus claires et les plus positives. (Très-bien ! à droite.)

Je crois donc remplir un devoir en demandant à M. le ministre de l'intérieur et au Gouvernement lui-même s'il ne réprouve pas ces tendances, s'il ne croit pas nécessaire, par une attitude différente, de rendre la paix aux consciences et de donner à la sécurité publique des garanties plus efficaces dans une des plus grandes villes de France. (Très bien ! très bien ! à droite.)

Le 30 avril dernier, le maire de Marseille, M. Maglione, a pris un arrêté interdisant les processions de la Fête-Dieu. Ces processions avaient dans cette ville un caractère particulier, c'étaient des fêtes populaires et patriotiques, tout autant que religieuses ; elles étaient placées sous la protection d'un pieux et touchant souvenir : le vœu fait par les échevins de la ville en 1722, pour la cessation de la peste. (Approbation à droite.) Ces processions avaient eu lieu avec l'assentiment unanime de la population pendant tout le siècle dernier, elles ne furent pas interrompues, même pendant les premières années de la Révolution et, chose qui vous étonnera peut-être, en 1793, dans cette année terrible, le sentiment public réclama, exigea que la procession eût lieu ; l'évêque constitutionnel déféra à ce vœu et présida à la cérémonie. Il est vrai qu'il paya bientôt de sa tête cet acte de courage. (Très-bien ! à droite.)

Interrompues ensuite, ces solennités furent reprises presque au lendemain du Concordat, et par conséquent de la promulgation des articles organiques. Elles eurent lieu en 1804 et les années suivantes. En 1807, le maire de Marseille rétablit solennellement la pieuse institution connue sous le nom de Vœu de la Ville.

Les processions eurent donc lieu depuis sans interruption, si ce n'est cependant avec une suspension momentanée, après les événements de 1830. Mais elles furent reprises dès 1835 et continuées jusqu'à présent.

En 1872, le maire de Marseille a eu la même idée que le maire actuel ; mais son arrêté fut annulé par le préfet des Bouches-du-Rhône, M. de Kératry, après avoir pris l'avis du Gouvernement présidé alors par M. Thiers.

Je vous demande la permission de lire cet arrêté, parce qu'il pose la question dans des termes qui sont péremptoires :

« Le préfet des Bouches-du-Rhône,

« Considérant que la loi du 18 germinal an X, proclame, dans son article 1er, le libre et public exercice du culte catholique ; que l'interdiction posée par l'article 45 des articles organiques n'est qu'une exception ;

« Considérant que l'usage indique depuis longtemps la ville de Marseille comme une des localités où le principe peut être appliqué et l'exception écartée ;

« Considérant qu'il est de l'intérêt, de la dignité et du devoir de la République de respecter cet usage ;

« Le préfet arrête :

« Art. 1er. — L'arrêté du maire de Marseille est annulé. »

Il n'en a pas été ainsi cette année, et ce qui a profondément choqué dans l'arrêté du maire de Marseille, c'est qu'il présentait la mesure qu'il édictait comme définitive, permanente, et comme la véritable interprétation de l'article 45 des articles organiques.

En cela, messieurs, évidemment il se trompait; car il y a une pratique constante en sens contraire. Quel est, en effet, le véritable sens, le véritable but de l'article 45 des articles organiques, qui dispose que dans les villes où il y a des temples consacrés aux différents cultes, l'exercice public du culte catholique ne pourra avoir lieu ? C'est de ménager les susceptibilités des cultes dissidents.

Or, toutes les fois que les cultes dissidents n'ont pas réclamé, il y a eu une tolérance que tout le monde a approuvée. Et dans cette circonstance, ce ne sont pas les cultes dissidents, ce ne sont ni les protestants, ni les israélites qui ont demandé l'interdiction des processions. Il faut bien le dire, messieurs, ceux qui ont exigé cet acte d'intolérance sont des hommes qui se préoccupent très peu de la différence des dogmes religieux... (Très-bien ! très-bien ! à droite), qui les tiennent tous en profond mépris ; ce sont ceux qui ont pris pour devise : « Le cléricalisme — traduction sincère, le catholicisme — voilà l'ennemi ! » (Nouvelle approbation sur les mêmes bancs). Eh bien ! ce n'est pas pour ceux-là que l'article 45 a été fait.

M. Peyrat. Ceux-là sont hors la loi.

M. le président. N'interrompez pas, laissez continuer l'orateur !

M. le baron de Larcy. Je n'ai pas entendu l'interruption.

M. Schœlcher. On vous demande si ceux-là sont hors la loi !

M. le baron de Larcy. Pardon ! ils ne sont pas hors la loi ; mais permettez : la loi est formelle ; elle dit que l'exercice public du culte catholique ne pourra être interdit — car c'est là le véritable sens — que dans les communes où il y a des citoyens professant des cultes dissidents. Elle n'a pas parlé d'autre chose. Maintenant, il vous faudra faire une autre loi, si vous voulez, pour sauvegarder d'autres intérêts ; mais cette loi, elle n'est pas encore faite. (Très-bien ! très-bien ! et rires à droite).

Je dis donc, messieurs, que l'article 45, ainsi détourné de son véritable sens, de son sens rationnel, a été contre son but ; et il a précisément provoqué les désordres qu'il était censé devoir prévenir. (Approbation à droite).

Je voudrais, messieurs, vous épargner les détails dans lesquels je vais entrer : je suis obligé pourtant de dire quelques mots des désordres qui ont éclaté à Marseille dans cette circonstance. Je sais que le temps et l'éloignement enlèvent une grande partie de leur intérêt aux scènes qui ont plus vivement ému ceux qui en furent les témoins ; mais il faut que vous les connaissiez pour que vous puissiez juger de l'état moral et social de cette grande et, je puis le dire, malheureuse ville. (Très bien ! à droite. — Rires à gauche).

Il était évident que les catholiques, contristés dans leurs sentiments les plus intimes, chercheraient à se dédommager en manifestant leur foi par tous les moyens permis qui restaient à leur disposition.

L'évêque de Marseille, après avoir déclaré qu'il se soumettait à l'arrêté municipal et avoir fait de vains efforts pour le faire rapporter, avait averti les fidèles que la cérémonie du vœu de la ville serait célébrée, comme les années précédentes, dans l'intérieur de la cathédrale, une procession générale aurait lieu. Tout cela avait été annoncé par le journaux et ces annonces avaient reçu la plus grande publicité.

On avait dit aussi que, suivant l'usage, on irait déposer des couronnes au pied de la statue de Belzunce, ce héros du dévouement marseillais. (Très-bien ! à droite. — Bruit à gauche.)

M. de Belcastel. Et catholique !

M. le baron de Larcy..... et catholique. En effet, la cérémonie du vœu de la ville a eu lieu ; il y a eu grande affluence, tout s'est passé avec ordre et de la manière la plus calme. — il ne pouvait en être autrement.

A l'exception du préfet et de la municipalité, les autorités les plus recommandables, ayant à leur tête le président de la chambre de commerce, se sont fait un devoir d'y assister, et je ne crois pas compromettre M. le général commandant le 15ᵉ corps d'armée en déclarant qu'il y a assisté.

M. de Carayon La Tour. Vous l'honorez. (Très-bien ! très-bien ! à droite).

M. le baron de Larcy. Le soir donc, devait avoir lieu la procession générale dans l'intérieur de l'église. Les catholiques, je dois le dire, s'étaient donné rendez-vous sur un point de la ville et s'étaient proposés d'y aller en corps, ensemble...

Un sénateur à gauche. En procession.

M. le baron de Larcy. En procession, si vous le voulez, mais procession dans tous les cas laïque et sans insignes. (Rires).

Voix à droite. Elle n'était pas obligatoire !

M. le baron de Larcy. Elle ne tombait donc pas sous le coup de la loi. (Nouvelle approbation à droite).

Et comme cette annonce avait eu lieu quelque jours auparavant et que l'autorité n'avait nullement réclamé, son silence équivalait à une autorisation.

Ce ne fut que dans la journée du vendredi, dans l'après-midi, à deux heures, au moment où on allait se rendre à la cathédrale, que parut un arrêté du premier adjoint qui interdisait cette manifestation.

Il devenait très-difficile d obtempérer à cet arrêté, parce que le rassemblement avait déjà commencé.

Des catholiques notables vont trouver le préfet, lui font cette observation et lui demandent de faire contremander l'arrêté. Il répond par une fin de non-recevoir, et en même temps il ajoute qu'il sait d'ailleurs qu'une contre-manifestation se prépare et qu'il en est averti.

Puisqu'il était informé qu'une contre manifestation, selon son expression, devait avoir lieu, pourquoi n'avoir pris aucune précaution pour en empêcher les suites fâcheuses, je dirai même funestes? (Très-bien ! à droite.)

En effet, quel n'a pas été l'étonnement douloureux des catholiques qui s'étaient d'abord réunis et qui ensuite avaient cherché à se séparer pour aller à la cathédrale, aussi individuellement qu'ils le pouvaient, lorsqu'ils virent les portes de l'église barrées par une bande violemment agitée, qui s'opposait à leur entrée, qui les injuriait, les maltraitait et les repoussait avec violence.

L'évêque lui-même à sa sortie eut beaucoup de peine à pouvoir se frayer un passage. En même temps, cette bande se dirigea vers le cours où se trouve la statue Belzunce, elle se précipita sur les couronnes qui y avaient été déposées le matin et les jeta au vent; et ce héros marseillais, cet homme dont Voltaire a dit que son nom serait béni avec admiration dans tous les siècles se trouva ainsi en butte à mille outrages sur lesquels, par respect pour vous-mêmes, messieurs, je veux jeter un voile ici.

Voilà quelle a été cette journée pleine de désordres et qui en faisait présager d'autres. Cependant, dès le surlendemain, le dimanche, le préfet jugea à propos de quitter Marseille et de venir à Paris. Le maire était déjà parti (Rires à droite), et Marseille se trouvait ainsi sans maire et sans préfet.

Le feu couvait sous la cendre, et bientôt il éclata! Il y eût encore de nouvelles scènes dans les journées du lundi et du mardi. Cette fois l'émeute prit de plus grands développements. Elle parcourut la ville sans rencontrer aucun obstacle. Dans la soirée, elle livra un véritable assaut à la statue de Belzunce, elle aurait voulu la renverser, mais voyant qu'elle n'en pouvait venir à bout, une voix s'écria: « A la Mission de France! »... Et on courut à la maison des jésuites, — pour les appeler par leur nom — (Rires à gauche. — Très-bien à droite). Cependant on recula, il est vrai, quand on fut à la porte. Mais on essaya alors, de se dédommager en allant faire le siège de la maison des propriétaires de la *Gazette du Midi*, — outrageant ainsi, à la fois, et la liberté religieuse et la liberté de la presse, (Très-bien! très-bien! à droite).

Comment une grande ville comme Marseille, avec tous les moyens dont l'autorité dispose, a t-elle été ainsi pendant trois soirées la proie de l'émeute? (Exclamations à gauche.)

On ne peut à cela donner qu'une seule explication, celle qui a été fournie par un député de l'extrême gauche, M. Bouquet, qui a déclaré dans une lettre rendue publique, que l'incapacité ou la complicité des fonctionnaires étaient la cause de tout le mal. (Applaudissements à droite). En effet, messieurs, c'est cette crainte servile de l'émeute qui parait être le mobile, la règle de conduite des fonctionnaires de Marseille: à la moindre menace d'agitation, ils tremblent et ils abdiquent.

C'est ce qu'on a vu encore lors de l'arrivée du nouvel évêque qui avait été nommé par le Gouvernement et qui devait s'attendre à sa protection ; cependant, lorsqu'il a demandé, non pas pour lui-même assurément...

Un sénateur à gauche ironiquement. Non!

M. de Larcy. Non, et vous allez le voir.... mais pour la dignité dont il était revêtu, lorsqu'il a réclamé les honneurs prescrits par les décrets réglementaires, il a rencontré mille difficultés.

On a d'abord, à ce qu'il parait, — du moins c'est ce que les journaux ont dit, et il n'y a pas eu de démenti, — on a répondu qu'il fallait qu'il se séparât entièrement de son clergé, qu'il se présentât seul, comme si un évêque entrant dans sa ville épiscopale pouvait s'isoler ainsi de ceux qui sont ses auxiliaires naturels, de sa propre famille. On prétend même qu'on lui a fait observer qu'il serait obligé de se rendre directement à son domicile, et qu'il ne lui serait pas permis de s'arrêter auparavant à la cathédrale. Quand il a vu que de pareilles chicanes, disons le mot, lui étaient faites, chicanes qui seraient puériles si elles n'étaient odieuses, il a renoncé au bénéfice du décret, il a pris une voiture de place et s'est rendu à la cathédrale, où il est monté en chaire et a annoncé à ses diocésains quels étaient les motifs qui l'avaient empêché d'entrer au milieu d'eux avec la pompe qui avait entouré ses prédécesseurs.

Messieurs, il est un dernier incident plus caractérisque encore que les deux premiers et qui leur donne une telle signification, qu'il n'y a que les aveugles, volontaires ou non, qui puissent s'y tromper.

Un nouvel arrêté du Maire de Marseille a interdit les prières qui se font habituellement, le 2 novembre, dans le cimetière catholique. On n'avait pas respecté le souvenir de Belsunce et son héroïque dévouement. On n'a pas respecté davantage le jour des Morts, ce jour de deuil universel, ce jour sacré pour tout être en possession d'un cœur d'homme et ayant pleuré sur la tombe de ceux qui lui furent chers. (Vive approbation à droite !)

Voici, messieurs, le récit exact des faits qui se sont passés à cette occasion. Il importe qu'aucune circonstance n'en soit omise.

« Le dimanche, 27 octobre, le curé de Saint-Pierre, paroisse dans la circonscription de laquelle se trouve le cimetière catholique, annonça qu'en conséquence de l'arrêté rendu par le maire au mois d'avril la procession traditionnelle du 2 novembre, n'aurait pas lieu cette année.

Le 1er novembre, le jour de la Toussaint, le curé renouvela cette annonce, mais il avertit qu'il se rendrait individuellement au cimetière en habit de ville, que la croix serait apportée, couverte et séparée de sa hampe, que les servants auraient aussi, dans la rue, leurs costumes de tous les jours. Il engagea les fidèles et spécialement les membres de la confrérie de la Bonne-Mort à se rendre au cimetière de leur côté, mais individuellement, de l'y attendre en silence, et lorsqu'il serait arrivé au lieu désigné, il revêtirait ses habits sacerdotaux et ferait les prières accoutumées.

Le 2 novembre, à huit heures du matin, le commissaire, qui était déjà venu l'avant-veille, se présenta devant le curé et l'engagea à ne pas aller au cimetière, même dans les conditions qui viennent d'être dites. (Exclamations à droite). Il ajouta qu'une contre-manifestation se produirait... (Exclamations sur les mêmes bancs).

Un sénateur à droite. — C'est toujours la même chose !

M. le baron de Larcy.... que le curé pourrait en être la victime et que, dans tous les cas, il en serait responsable.

Le curé répondit qu'il offrait de suivre la voie qui lui serait indiquée dans le cimetière ou de faire l'absoute au lieu qui lui serait désigné, mais qu'il ne pouvait renoncer aux prières d'usage, à moins d'y être contraint par une force supérieure. (A droite : Tres-bien ! très-bien).

Une heure après, trois commissaires de police viennent de nouveau notifier l'arrêté, mais ils n'en laissent pas l'original, et le curé put seulement en écrire le dispositif sous leur dictée. Il était ainsi conçu :

« Art. 1er. — Toute manifestation religieuse, et notamment l'absoute, est interdite dans le cimetière de Saint-Pierre. (Exclamations à droite.)

« Art. 2. — M. le commissaire central est chargé de l'exécution du présent arrêté. »

Les commissaires ajoutaient que le commissaire central se tenait à la porte du cimetière avec une escouade d'agents pour faire exécuter l'arrêté.

M. le baron de Lareinty. — Je plains ceux qui exécutent de tels ordres et je plains ceux qui les donnent.

M. le baron de Larcey. — Le curé dit alors : devant la force je m'incline. Il rentra dans l'église, donna lecture de l'arrêté, sans commentaire, et commença immédiatement l'office des morts. (Sensation.)

Ne croirait-on pas, messieurs, assister à une scène des catacombes ?

Un sénateur à gauche ironiquement. — Absolument !

Une voix à droite. — Oui, absolument.

M. Valentin. — C'était le beau temps de l'Eglise.

M. le baron de Larcy. — Et lorsqu'on songe que de pareils actes de violence s'accomplissent dans cette ville de Marseille, dont toutes les traditions sont si chrétiennes et si catholiques, dont les habitants se glorifiaient d'être appelés les enfants de la *Bonne Mère,* on se demande quelle est cette race nouvelle d'envahiseurs qui est venue asservir ce malheureux pays. (Exclamations à gauche. — Applaudissements à droite.)

Oui, les catholiques de Marseille en sont réduits à retourner le mot de Tertullien et à dire à leurs oppresseurs : « Vous êtes les maîtres partout, au forum, à l'édilité, dans les préfectures ; laissez-nous au moins nos temples et nos tombeaux ! » (A droite : très-bien ! très-bien !

Je vous demande pardon, messieurs, si j'arrête aussi longtemps votre attention sur ce sujet...

A droite. — Parlez ! Parlez !

M. le baron de Larcy... Ce n'est que le 9 novembre que le texte de l'arrêté avec les considérants a été remis à M. le curé. Les considérants sont ainsi conçus :

« Attendu qu'il résulte des rapports fournis par M. le commissaire central, à la date du 2 courant, que M. le curé de Saint-Pierre avait convoqué des congrégations pour assister à la cérémonie de l'absoute qu'il se propose de faire aujourd'hui à deux heures et demie dans le cimetière ;

« Qu'il est à craindre que cette cérémonie, environnée d'une assistance convoquée à l'avance, ne donne lieu à une manifestation pouvant provoquer une contre-manifestation dont les suites pourraient avoir les conséquences les plus fâcheuses... » (Exclamations à droite.)

Quand on lit ces considérants, on pourrait croire que le curé avait organisé une manifestation toute nouvelle et convoqué une assistance inaccoutumée. C'était précisément le contraire : il avait prévenu les confréries qu'elles ne se réuniraient pas comme les années précédentes et les avait invitées à se rendre individuellement au cimetière.

Ainsi les avis qu'il avait donnés pour diminuer la pompe des cérémonies d'usage sont interprétés dans un sens contraire. Ils lui sont imputés à charge : on retourne contre lui sa loyauté ! Et ce n'est pas la cérémonie même qu'on incrimine, c'est la manifestation à laquelle elle pourrait donner lieu. Or, quelle manifestation pouvait-il y avoir autre que la cérémonie elle-même ?

Je n'ai pas besoin, messieurs, je crois, de grands développements pour démontrer que cet arrêté est tout à fait contraire au décret du 23 prairial an XII sur les sépultures.

Vous savez, en effet, qu'aux termes de ce décret, chaque culte doit avoir son cimetière séparé ; un article de ce décret assimile les église et les lieux de sépulture. Par conséquent, il est évident qu'on n'avait pas le droit d'interdire la cérémonie religieuse dans l'enceinte même du cimetière. (Marques d'assentiment à droite.)

Je pourrais citer ici des autorités bien compétentes en cette matière, et qui démontrent d'une manière incontestable que le droit des catholiques a été manifestement méconnu.

En effet, messieurs, M. Aucoc, commissaire du gouvernement, aujourd'hui président de section au conseil d'Etat, disait devant cette assemblée, en 1865, à propos de l'interprétation de ce décret de prairial.

« La législation sur les sépultures, tout en ordonnant que les cimetières seraient sous l'autorité, police et surveillance des autorités municipales, a reconnu en même temps qu'il était impossible d'enlever à l'inhumation un certain caractère religieux.

« En conséquence, elle a voulu que chaque culte pût accomplir en toute liberté dans les cimetières, ses rites et ses cérémonies propres ; elle a voulu en particulier que l'Eglise catholique pût suivre les règles et les traditions en vertu desquelles les fidèles de cette Eglise doivent reposer dans une terre bénite et consacrée.

« Ainsi la pensée définitive du législateur est bien que l'autorité civile a seule la police des cimetières, mais que, dans l'exercice de ce droit, la police, l'autorité doit respecter les usages des différents cultes que chacun peut pratiquer dans les lieux qui lui sont spécialement affectés. »

Cet arrêté municipal n'a pas reçu l'approbation du préfet. Je ne sais pas s'il a été porté à la connaissance de M. le ministre de l'intérieur et s'il l'a accepté. Pour moi, je le considère comme absolument illégal.

Quant au caractère exclusivement catholique du cimetière de Saint-Pierre, je n'ai pas besoin d'insister : c'est un cimetière consacré et béni, et il ne peut s'élever à cet égard aucune contestation.

Maintenant, messieurs, je voudrais être dispensé d'indiquer quels étaient les motifs que l'on donnait pour empêcher ce jour-là les prières d'usage. Je crois pourtant que c'est nécessaire, parce que ces explications viendraient dans la discussion, et je vais les donner, pour ma part, avec une parfaite convenance.

Un homme qui avait occupé un rang éminent pendant sa vie, mais qui n'était pas mort dans le sein de l'Eglise catholique, a été inhumé dans ce cimetière. On prétendait que ses amis devaient venir ce jour-là au cimetière, se réunir autour de sa tombe, et que, s'ils entendaient les chants et les prières de l'Eglise, ils en seraient choqués... (rires et exclamations à droite), qu'ils y répondraient et les interrompraient par des chants et des cris irréligieux.

Eh bien, messieurs, je dois tout d'abord le dire, je ne le crois pas et je pense qu'on les calomniait. (Très-bien ! à droite). Dans tous les cas, il est bien évident que l'inhumation d'un homme étranger à l'Eglise catholique ne pouvait pas enlever au cimetière son caractère exclusivement religieux, exclusivement catholique, et que cette inhumation ne pouvait pas être un prétexte pour interdire les cérémonies du culte auxquelles ce cimetière est affecté, ce qui eût été un étrange contre-sens.

Messieurs, avant de terminer, j'ai besoin de réparer une omission que j'ai commise dans le cours de cet exposé, et qui a une certaine importance.

Lorsque le préfet est revenu de Paris, il n'a su que faire une chose : frapper les victimes. Il avait fait fermer un café qui avait été l'objet d'attaques et d'outrages. Le zèle du parquet ne s'est déployé que contre un prévenu qui a subi plus de quinze jours de détention préventive, et qui a été condamné à 100 fr. d'amende, non pas pour provocation ou participation à l'émeute, mais pour avoir donné quelques coups de canne dans la foule à des personnes qu'il ne connaissait pas ! (Rires à gauche. — Très-bien !)

Quant aux chefs de l'émeute, à ses agents, à ses soldats les plus éhontés, on n'a pas pu les trouver, et un journal républicain qui, par conséquent, n'est pas suspect, a annoncé que, au moment où le procureur de la République, M. Camoin de Vence, accompagné de son substitut, était venu à la salle de la permanence pour y interroger ceux qui y avaient été enfermés, on n'y a trouvé personne. Le concierge de la prison s'est borné à montrer une note ainsi conçue :

« L'inspecteur est prié de vouloir bien mettre immédiatement en liberté les nommés X... »

Le gardien des écrous, croyant à l'authenticité de ces ordres, avait mis en liberté les personnes dont les noms lui étaient ainsi désignés. Il y en avait, à ce qu'il paraît, une quarantaine.

Cette note, qui a été publiée dans le *Petit Marseillais* du 4 juillet, organe républicain, n'a reçu ni démenti ni rectification. Par conséquent, officiellement, on ne sait pas ce que sont devenus ces gens-là, comment, par qui, et à quelle heure la porte leur a été ouverte.

Un sénateur à gauche. — Ils ont disparu !

M. Dufaure, garde des sceaux, ministre de la justice, président du conseil. — C'est une erreur complète !

M. le baron de Larcy. — Voilà une singulière manière d'exercer la justice dans la ville de Marseille !

M. le président du conseil. — Il y a eu beaucoup de condamnés dans les deux partis.

M. le baron de Larcy. — Il n'est pas question de parti.

M. le président du conseil. — Je vous demande pardon ! vous dites que le parquet n'a pas fait son devoir.

M. le baron de Larcy. — Je n'ai jamais dit cela... Je n'ai pas dit que le parquet n'avait pas fait son devoir ; je raconte seulement les faits et je dis qu'il a déployé son plus grand zèle à poursuivre un prévenu qui avait subi une prison préventive de plus de quinze jours et qui en définitive n'a été condamné qu'à 100 fr. d'amende ; voilà ce que je dis et j'ajoute que, pour les provocateurs de l'émeute, on n'a su les trouver nulle part et que, quand ils ont été arrêtés, on leur a donné les moyens de s'évader.

M. le président du conseil. — Mais il y en a beaucoup de condamnés, au contraire.

M. le baron de Larcy. — Permettez ! il y en a eu de condamnés à des peines insignifiantes. Mais, dans tous les cas, comment se fait-il qu'on puisse ouvrir ainsi les portes d'une prison?

M. le président du conseil. — Ce n'est pas le parquet qui les a ouvertes !

M. le baron de Larcy. — Je sais bien que ce n'est pas lui.

M. le président du conseil. — Alors ne l'attaquez pas !

M. le baron de Larcy. — Je n'attaque pas le parquet: j'attaque la manière dont la police se fait à Marseille ; je dis que les prisons s'ouvrent absolument sur la demande du premier venu ; voilà ce que je dis et pas autre chose.

M. le président du conseil. — Il faut être juste.

M. le baron de Larcy. — En résumé, c'est un incident que je tenais à relater parce qu'il a sa gravité et que les habitants de Marseille y attachent beaucoup d'importance.

Enfin, il m'est impossible de terminer en présence de l'impression que la scène du cimetière a dû vous faire éprouver, sans dire un mot de ce qui s'est passé à Marseille le 1er décembre.

Ce jour-là était l'anniversaire de l'exécution d'une sentence capitale prononcée par un conseil de guerre. Je respecte les morts ; je respecte la tombe, même lorsqu'elle recouvre un homme frappé par la justice ; mais la justice et ses décisions n'ont-elles pas droit au moins à un égal respect ? (Très-bien ! très-bien ! à droite.)

Et dans les manifestations qui ont marqué cette journée à Marseille, dans la presse et ailleurs, même matériellement restreintes, n'y a-t-il pas eu un commencement de protestation et de réhabilitation ?

Le cimetière israëlite n'a-t-il pas été traité avec moins de rigueur que le cimetière catholique, le jour des Morts ? (Nouvelle approbation à droite.)

Le premier adjoint qui se tenait aux abords du cimetière, après avoir commencé par déclarer qu'il ne laisserait entrer que les membres des familles qui avaient des parents inhumés dans le cimetière, — j'ai voulu dire cela pour prouver que je suis impartial et que je ne veux rien dissimuler, — le premier adjoint a fini par déclarer, — quand il a vu arriver un grand nombre de personnes qui apportaient des couronnes, — a fini par déclarer qu'il ne laisserait entrer dans le cimetière que les porteurs de couronnes ! (Rires à droite.)

On aurait mieux compris l'ordre contraire, n'est-il pas vrai ? Mais enfin c'est bien cela ; je ne me trompe pas. Il en est résulté que ceux qui voulaient entrer allaient acheter des couronnes. Et encore c'étaient les plus inoffensifs, ceux-là. (Rires et marques d'assentiment à droite.)

Je ne veux pas insister, messieurs, car tout cela me répugne à moi-même. Mais il est impossible de ne pas être ému par cet étrange et douloureux contraste ! Les amis politiques d'un condamné politique ont pu apporter des hommages et déposer des couronnes sur son mausolée, tandis que le curé de Saint-Pierre, le jour des Morts, n'a pas pu jeter de l'eau bénite sur les tombes des catholiques qui reposent dans son cimetière. (Vive sensation à droite.)

Etonnez-vous après cela, messieurs, que ce soient non-seulement des catholiques de Marseille, mais les citoyens paisibles de cette ville à quelque culte, à quelque opinion qu'ils appartiennent... (Assentiment à droite), qui se demandent quelle est la nature du régime sous lequel ils vivent ! Est-ce là cette république conservatrice qu'on leur avait annoncée ?

Un membre à droite. — Aimable !

M. de Larcy. — Cette république aimable, habitable, protectrice des

principes sacrés sur lesquels la société repose, et des droits imprescriptibles de la conscience? Je laisse le soin de la réponse à la bonne foi, à
la loyauté de ceux qui m'écoutent.

Je voudrais espérer que M. le ministre de l'intérieur et le Gouvernement comprendront la nécessité de revendiquer pour eux-mêmes la
solution de questions aussi graves ; qu'ils prendront des mesures plus
conformes au principes de la liberté religieuse et aux exigences de l'ordre public ; et qu'enfin ils sauront se choisir des agents sachant et
voulant exécuter les ordres qu'ils auront donnés.

A droite. — Et la loi !

A gauche. — Aux voix !

M. le baron de Larcy. — Mais, je l'avoue, j'ai bien peur que mon
espérance ne soit déçue et mes exhortations inutiles. Jusqu'à présent,
je ne dis pas que le Gouvernement ait vu avec plaisir tous ces excès,
tous ces actes d'intolérance ; mais il y cède avec une facilité que nous
déplorons. Je crains qu'un jour — je ne veux pas dire bientôt — on ne
trouve des ministres qui ne se contentent pas de céder et qui seront
peut-être les premiers à encourager ces actes. (Exclamations et vives
protestations à gauche.)

M. le baron de Larcy, s'adressant à la gauche. — Les blâmez-
vous ? — Les blâmeriez-vous ?

Voix nombreuses à droite. — C'est cela — Très-bien.

M. le colonel de Chadois. — Oui, nous les blâmerions énergiquement. (Exclamations et applaudissements à droite.)

M. le baron de Larcy , s'adressant à la gauche. — Très-bien alors,
nous sommes d'accord.

M. Tolain. — Nous ne connaissons encore les faits que par vous,
nous ne connaissons que votre récit ; il nous en sera peut-être fait un
autre.

M. le baron de Larcy. — Je ne peux que faire le mien, et il est exact.

M. Tolain. — J'attends la réponse pour juger.

M. le baron de Larcy. — Vous entendrez la réponse; je vous déclare
que je serais bien étonné que les faits que j'ai avancés fussent contestés,
car je les ai tellement contrôlés, tellement atténués, que ceux qui en
ont été témoins trouveront peut-être encore que je n'en ai pas dit assez.
(C'est vrai, à droite.)

Mais je reviens à ce que je disais: qu'il est bien possible que nous
ayons plus tard des ministres qui encourageront ces actes de grossière
intolérance. Les intentions alors seront bien plus coupables, il n'y a
pas de doute à cet égard; mais les résultats seront-ils pires ?

En vérité, messieurs, je n'en sais rien; on saura du moins alors à
quoi s'en tenir; la lumière se fera, les populations abusées ouvriront les
yeux sans doute et finiront, dans un élan de réveil et de résipiscence,
par s'affranchir, comme elles l'ont déjà fait en Suisse, de la tyrannie
de ces sectaires, disciples de Voltaire... Exclamations et rires bruyants
à gauche).

Un membre à gauche. — Vous êtes un ingrat, puisqu'il a fait l'éloge
de Belsunce.

M. le baron de Larcy. — Attendez; ma phrase n'est pas finie... Oui,
de Voltaire, dont ils ont singulièrement partagé la succession, car ils

ont pris toutes ses passions et n'ont répudié que son esprit. (Rires et applaudissement à droite.)

Maintenant, messieurs, je voudrais aller au-devant d'un reproche, ou du moins d'une observation qu'on m'adressera peut-être. On m'accusera, j'en ai peur, d'avoir voulu réveiller des passions que je voudrais, au contraire, apaiser et éteindre. (Rires ironiques à gauche. — L'orateur se tourne vers ce côté de l'Assemblée.) Je le veux plus que vous, messieurs... (Très-bien! à droite), parce que j'ai dans cette ville et dans ce pays des amis, une famille, qui me sont chers, et que j'ai ainsi un intérêt immense, un intérêt intime, un intérêt étroit à ce que la pacification se fasse enfin dans cette noble ville de Marseille. (Approbation à droite.)

Mais, messieurs, je ne suis ici qu'un écho. Je ne suis pas venu ici parler en mon propre nom. Les catholiques de Marseille, dans leur détresse, je dois le dire, ont tourné leurs regards vers vous; ils se sont dit : Ah! si le Sénat le savait! (Rumeurs ironiques à gauche.)

M. le baron de Lareinty. — Ils ont eu raison, nous ne les abandonnerons pas!

M. le baron de Larcy. — J'ai entendu ce cri. J'ai recueilli ces doléances, et vous ne m'en voudrez pas de vous en avoir apporté la confiante et respectueuse expression. (Nouvelle approbation à droite.)

Un dernier mot, messieurs, et j'ai fini. Laissez-moi vous exprimer le regret que notre cher Berryer ne soit plus parmi nous. C'est lui, cet illustre, cet ancien représentant de Marseille, qui aurait plaidé cette cause, et certainement il l'aurait gagnée! (Applaudissements prolongés à droite. — L'orateur est felicité par ses collègues.)

M. le président. — La parole est à M. le ministre de l'intérieur.

M. de Marcère, ministre de l'intérieur. — Messieurs, je ne puis m'empêcher, au moment où je monte à cette tribune pour répondre à l'honorable M. de Larcy, de faire cette réflexion que le Sénat, depuis quelques jours, assiste à un singulier retour des choses. Aujourd'hui on nous parle de la République conservatrice avec regret; hier on nous parlait de l'illustre M. Thiers et des grandes qualités qu'il avait déployées pendant son gouvernement. Quelques jours auparavant, un autre sénateur évoquait le souvenir de la République de ce temps-là et l'opposait à la nôtre, se gardant bien d'opposer le gouvernement actuel au gouvernement du 16 mai et du 24 mai. (Très-bien! très-bien! à gauche. — Exclamations à droite.)

Je crois, pour mon propre compte, qu'en renversant les termes, on resterait davantage dans la vérité des choses.

M. Testelin. — Très-bien!

M. le ministre de l'intérieur. — Mais j'aborde immédiatement la discussion des faits sur lesquels s'est étendu l'honorable M. de Larcy pour — je dirai volontiers — impressionner outre mesure... (Exclamations à droite. — Oui! oui! à gauche)... le Sénat au sujet de ces faits eux-mêmes. (Oh! oh! à droite.)

Tout à l'heure l'honorable sénateur de ce côté (M. le ministre indique la gauche) disait qu'on n'avait entendu jusqu'à présent que le récit d'une partie, qu'il fallait entendre l'autre. Vous allez voir, en effet, que les faits diminueront singulièrement d'importance, lorsque vous les connaîtrez entièrement.

Vous pouvez déjà en juger, si vous remarquez que ces énormités dont on parle qui se seraient produites à Marseille, ces troubles profonds, ce qu'on a appelé des scènes déplorables, ont donné lieu, en résumé, à des poursuites correctionnelles, dirigées contre un certain nombre de fauteurs de ces désordres, pris de tous le côtés, et ont abouti à des condamnations très-faibles, à de simples amendes. Le Sénat peut juger par là, ne doutant pas, je suppose... (Bruit à droite.) Est-ce que vous mettriez en doute l'impartialité des juges, messieurs ? (Protestation à droite.)

Vous voyez donc par là que ces scènes si déplorables, que ces troubles si grands n'ont point eu, en vérité, le caractère que l'honorable M. de Larcy leur a donné. (Bruit à droite.)

Vous allez en juger.

Le premier fait remonte au mois de juin dernier. Des processions devaient avoir lieu pendant les journées de la Fête-Dieu, et aussi en exécution d'un vœu des échevins, en souvenir de la peste de Marseille. Je crois que pour être dans la vérité et pour apprécier sainement les choses, il faut remonter plus haut encore, jusqu'à l'année dernière. En effet, messieurs, les scènes dont on vient de faire le récit ne peuvent s'expliquer que par ce qui s'était passé l'an dernier. C'est là que vous trouverez la cause, l'origine et l'explication des faits dont on vous a parlé.

L'année dernière, à l'époque du mois de mai et du mois de juin...

Un sénateur à droite. — Le 16 mai !

M. le ministre de l'intérieur. — Vous savez, sans que j'y insiste davantage, l'événement qui s'était accompli. On peut dire, sans rien exagérer, que toutes les villes de France, et celle de Marseille plus qu'aucune autre, s'en étaient émues. Profitant de ces circonstances, au moment où les passions politiques, où les passions religieuses, si vous voulez, — et je déplore que des passions religieuses se mêlent aux passions politiques, — au moment où ces passions étaient vivement excitées par l'événement politique qui venait de s'accomplir, ces mêmes processions eurent lieu et alors, je crois pouvoir le dire, perdant tout esprit de sage réserve, sans grand souci du sentiment véritablement religieux qui devrait inspirer toutes les personnes qui prennent part à ces manifestations du culte, on se plut à attacher à ces manifestations un caractère essentiellement politique. (Très-bien ! à gauche.)

Et du moment où on leur donnait ce caractère politique, vous conviendrez, avec moi, qu'on leur donnait un caractère de provocation. (Approbation, à gauche.)

Et en effet on put remarquer... (Bruit et protestations à droite) — cela a été constaté par des pièces authentiques — que l'on portait dans ces processions de l'année dernière des bannières fleurdelisées (Oui ! oui ! à gauche), et qu'on chantait des hymnes qui ne sont point liturgiques et qui, par le malheur des temps, si vous le voulez, ont pris une signification tout autre qu'une signification religieuse.

Et bien, cela fut fait au grand déplaisir de la population de Marseille, — et ce mécontentement fut si vif, qu'il réagit une année après d'une manière directe sur les événement qu'on vient de vous rappeler. (Bruit et rire à droite.)

Vous allez, du reste, en juger. Lorsque le nouveau gouvernement venait de s'établir, des élections municipales durent être faites à Marseille. Eh bien, les électeurs de cette ville, se rappelant ce qui s'était passé quelques mois auparavant, pleins de ressentiment de ce qui s'était produit alors, posèrent comme condition aux candidats de s'opposer désormais à ce qu'il y eût des processions publiques dans les rues de Marseille.

M. le baron de Larcy. — C'est le mandat impératif !

M. le ministre de l'intérieur. — Ce ne fut pas, sans doute, un engagement formel ; mais enfin il y eut des paroles échangées, comme cela a lieu dans les réunions publiques qui précèdent les élections

Un sénateur à droite. — Et le Gouvernement ?

M. le ministre de l'intérieur. — Vous allez voir tout à l'heure ce que le Gouvernement a dû faire.

Lorsque le conseil municipal se trouva à la veille des processions, on lui rappela les promesses données. On n'avait pas besoin, d'ailleurs, de lui rappeler ses promesses : il avait le sentiment qu'il avait pris cet engagement vis-à-vis de ses électeurs.

Ce fut alors que fut pris l'arrêté dont il a été question...

M. Baragnon. — Je demande la parole ! (Ah ! ah ! à gauche.)

M. le ministre de l'intérieur. — On prit l'arrêté. Mais qui prit l'arrêté ? Ce fut le maire de Marseille, qui avait qualité, compétence et droit pour le faire. (Très-bien ! à gauche.)

On a contesté ce droit, et on a accusé le maire d'avoir violé l'article 45 de la loi de germinal.

M. le baron de Larcy. — Je n'ai pas dit cela du tout !

Un sénateur à droite. — Vous l'avez violé en ce qui concerne les cimetières !

M. le ministre de l'intérieur. — Nous discuterons cette affaire du cimetière tout à l'heure ; mais je ne puis être partout à la fois.

L'article 45 de la loi de germinal an X dispose qu'il n'y aura pas de cérémonies publiques du culte dans les lieux où il existe des églises d'un culte dissident. Et alors l'honorable M. de Larcy de dire : Cette loi est faite pour protéger les cultes dissidents en tant que cultes dissidents ; or, il ne se plaignent pas ; donc les processions peuvent se faire, et il n'y pas lieu d'appliquer le texte de la loi.

L'honorable M. de Larcy oubliait un autre texte bien plus important, à ses yeux surtout, car s'il peut contester l'article 4 de la loi de germinal an X, il ne contestera pas le Concordat. (Très-bien ! à gauche.)

Or, l'article premier du Concordat porte ceci :

« La religion catholique, apostolique et romaine, sera librement exercée en France. Son culte sera public, en se conformant aux règlements de police que le Gouvernement jugera nécessaires pour la tranquillité publique. » (Très bien ! à gauche.)

Par conséquent, au point de vue légal, le maire, juge et responsable de la tranquillité publique, avait parfaitement le droit de prendre l'arrêté qu'il a pris.

Et maintenant, a-t-il bien fait de le prendre, d'appliquer la loi ? C'est là une question d'opportunité.

Mais incontestablement il en avait le droit. A-t-il bien fait d'en user de ce droit ? Messieurs, il a tellement bien fait (Protestations à droite. — Très-bien ! à gauche), que vous avez vu des manifestations religieuses se changeant en troubles publics, se produire à tout propos à Marseille.

On ne peut, en effet, soulever cette question sous quelque forme que ce soit, sans qu'immédiatement la population tout entière de Marseille ne s'émeuve et ne se répande dans les rues, exprimant avec véhémence ses sentiments divers.

C'est dans les usages, dans les habitudes, dans le tempérament des habitants de cette ville.

Il est donc d'un intérêt public de premier ordre, il est de la prudence la plus vulgaire pour les autorités qui président à la paix de cette ville....

Une voix à droite. — De s'en aller !

M. le ministre... d'empêcher toutes les manifestations qui pourraient en troubler la tranquillité.

Un sénateur à droite. — Grâce à vous !

M. le ministre. — Messieurs, le devoir des autorités locales est donc tout tracé, et ce devoir, le maire de Marseille l'a accompli.

Une voix à droite. — A Paris !

M. le ministre. — Il l'a accompli. Cependant les personnes à qui ces processions sont chères — et ce n'est pas le Gouvernement qui les en blâmera — avaient le regret profond de ne pouvoir accomplir le vœu des échevins de 1722.

Mgr Place, évêque de Marseille, actuellement archevêque de Rennes, Mgr Place fit savoir qu'il y aurait une messe qui devait être célébrée dans l'église de la Visitation, je crois, dans la matinée du 28 juin.

A cette messe, se rendirent un certain nombre de personnes ; et les journaux dont vous n'avez pas parlé, la *Gazette du Midi*, un autre journal, le *Citoyen...*

M. le baron de Larcy. — Je l'ai dit, au contraire.

M. le Ministre... étaient remplis chaque jours d'excitations... (Interruptions à droite.)

M. Baragnon. — Lesquelles ? Lizez ! lisez ; (Bruit).

M. le ministre. — Je vous les lirai ; mais ne m'interrompez pas, et laissez-moi conduire ma discussion comme je l'entends. (Exclamations à droite. — Approbation à gauche.)

M. le président. — L'orateur a parfaitement le droit de conduire sa discussion comme bon lui semble, et le devoir du président est de faire respecter son droit.

Un sénateur à droite. — Nous constatons qu'on ne nous donne pas la preuve de ce qu'on avance.

M. le ministre. — J'affirme devant le Sénat que ces journaux, qui sont bien un peu coutumiers du fait, étaient remplis chaque jour d'injures et d'excitations qui avaient pour but de soulever une partie de la population contre l'autre.

On suivit les conseils donnés : et non pas seulement les âmes pieuses, mais aussi d'autres âmes ardentes, qui nourrissent d'autres pensées que celles de la religion quand elles vont à certaines fêtes...

Un sénateur à droite. — Qu'en savez-vous ?

Autre voix à droite. — C'est de la délation !

M. le Ministre..... se rendirent à cet endroit avec des couronnes et avec l'intention de les porter à la statue de l'évêque Belsunce comme protestation contre l'arrêté du maire. (Interruptions à droite).

L'autorité était tellement pénétrée, comme vous, du sentiment de

respect profond qu'elle garde et que nous gardons tous pour la mémoire de ce grand évêque… (Exclamations ironiques à droite).

Un membre à gauche. — C'est peu convenable.

M. le Ministre. — Qui est-ce qui ose rire quand j'affirme ici mon respect pour la mémoire de l'évêque Belsunce, et qui peut en douter ? (Vive approbation à gauche).

Je dis que les autorités locales, pénétrées de ce sentiment, que nous éprouvons tous comme vous, autorisèrent ces personnes à se rendre sur le cours pour déposer, au pied de la statue, les couronnes dont elles s'étaient chargées.

Mais, messieurs, est-ce que cela se fit avec le sentiment de respect que nous éprouvons ? Non ! Cela se fit autrement ; cela se fit avec des airs de provocation, d'excitation… (Vives dénégations à droite), avec des cris dans les rues, qui avaient pour but de montrer une sorte de victoire remportée sur les partisans du conseil municipal.

Cependant, un grand nombre de personnes se rendirent dans les alentours de son église. On entendit alors des cris proférés dans la foule. La foule s'était ameutée, et, de là, il résulta un certain tumulte et des scènes sur le cours de Belsunce, comme vous pouvez le penser.

A ce moment même, la *Gazette du Midi*, je crois, annonçait que, le soir, à cinq heures, dans cette même journée, il y aurait une manifestation sur le cours de Belsunce ; qu'on y apporterait en foule des couronnes, en procession, et qu'alors il y aurait une manifestation contre le maire de Marseille et contre l'arrêté qu'il avait pris. Grand tumulte et grand émoi dans la ville.

Les autorités, prévoyant ce qui allait se passer, et voulant l'empêcher, prirent conseil, et, par arrêté spécial, pris à midi, toute espèce de manifestation dans les rues fut interdite.

Il devait y avoir une cérémonie religieuse dans la soirée, une procession dans l'intérieur de l'église.

Que firent alors les citoyens dont nous venons de parler et dont vous protégez les consciences, dites-vous ? Vous venez de l'avouer vous-même : ils se formèrent en procession dans les rues pour se rendre processionnellement à l'église de la Visitation.

M. de Larcy. Je n'ai pas dit cela.

M. le ministre. Vous l'avez dit, monsieur de Larcy, car j'ai pris vos paroles au moment où vous les prononciez.

Il y eut alors sur le cours, à l'endroit même où se formait la procession, des scènes de tumulte, des scènes de désordre, des arrestations, et, ce qu'on n'avait pas fait jusqu'alors, l'autorité publique de Marseille dut le faire : on pria le général commandant la division de mettre à la disposition des autorités locales de la cavalerie qui fit évacuer la place.

Tout était terminé à onze heures, quelques arrestations avaient été faites, des pourrsuites furent commencées, et des suites furent données à cette procédure.

Deux ou trois jours après, — car l'honorable M. de Larcy vous a parlé de trois journées, mais elles n'étaient pas consécutives, — un membre du conseil municipal de Marseille jugea à propos — il était bien mal inspiré — de demander la démolition de la statue de l'évêque Belsunce.

M. le baron de Larcy. Voulez-vous me permettre de dire un mot : c'est le vendredi que cette motion a été faite au conseil municipal, et, ce qui prouve le respect que les autorités locales avaient pour l'illustre Belsunce, le conseil municipal a entendu et adopté une proposition portant que la statue de Belsunce serait reléguée dans un musée.

M. le ministre. Je répondrai immédiatement à l'honorable M. de Larcy que la statue est encore à sa place, ce qui prouve que les autorités dont vous parlez n'ont pas donné raison à la proposition que je ne veux pas qualifier, mais enfin dont je viens de parler.

M. Buffet et plusieurs sénateurs à droite. Qualifiez-la !

Voix à gauche. Il l'a très-bien qualifiée.

M. le ministre. Attendez la suite. Cette proposition fut faite ; cela souleva de grandes protestations de la part des contradicteurs du conseil municipal, et je le comprends.

Mais il y eut plus : dans les journaux, dans les réunions, dans les lieux publics, partout on annonça que des personnes, dont on citait les noms, devaient se rendre à la Bourse, là où la profession du citoyen dont je vous parle l'appelle, et qu'on saurait avoir raison de lui et de la triste proposition qu'il venait de faire au conseil municipal.

Messieurs, ce qui fut dit fut fait ; en effet, lorsque ce négociant se présenta à la Bourse, je crois que c'était le lundi suivant, il fut entouré par un groupe de provocateurs, qui étaient venus exprès pour lui faire un mauvais parti ; et on entendit dans la foule les cris : Enlevez-le ! enlevez-le !

Il fallut que l'autorité intervînt, que l'on eût recours à un déploiement de force assez considérable pour faire cesser le tumulte et le désordre qui s'ensuivit naturellement. Dans la soirée, ces scènes se renouvelèrent sur le cours Belsunce. Il y eut un très-grand nombre d'arrestations, 126, je crois. L'honorable garde des sceaux vous disait tout à l'heure qu'il y avait deux instructions suivies ; un grand nombre de délinquants poursuivis devant le tribunal correctionnel, et que toute cette affaire s'est dénouée en définitive par des condamnations de peu d'importance.

Voilà les faits de Marseille et les scènes déplorables dont on vous a parlé ; en voilà la cause, l'origine et la suite. (Très-bien ! très-bien à gauche).

Mais on nous a parlé ensuite de l'entrée de Mgr Robert dans sa ville épiscopale. Je vous demande pardon, messieurs, de vous faire revenir sur toutes ces scènes, d'allonger ainsi cette discussion, mais il le faut bien cependant. (Parlez ! parlez !).

L'excitation produite à Marseille par les événements que je viens de raconter n'était point calmée au moment où Mgr Place fut envoyé au siége de Rennes. Cette excitation durait encore, et plaise à Dieu que le récit que vous en avez apporté à cette tribune ne la réveille pas ! (Approbation à gauche). Cette excitation durait encore au moment où l'on se préparait à l'entrée solennelle du nouvel évêque dans sa ville épiscopale. M. le préfet, qui, dans toutes ces circonstances, quoique vous en ayez dit, s'est conduit comme un magistrat excellent, pénétré de ses devoirs et résolu à apporter dans l'application des lois les tempéraments que nous devons apporter toujours quand il s'agit de personnes du caractère de celles dont nous parlons, le préfet savait qu'à l'occasion de

l'entrée solennelle de l'évêque, on préparait une contre-manifestation ;
que le nouvel évêque serait accueilli, sans doute, avec une grande
faveur par la majeure partie de la population, mais que d'autres personnes pourraient profiter de sa présence dans les rues pour occasion-
ner de nouveaux troubles, de nouveaux scandales.

Le préfet désirait empêcher ces scènes. Il en parla à Mgr Robert ;
il eut avec lui plusieurs entrevues à ce sujet. Mgr Robert, mù par un
sentiment que je ne blâme pas...

M. le Baron de Lareinty. — C'est très-heureux !

M. le ministre .... tenait non pas seulement aux honneurs qui lui
étaient dus, mais il voulait davantage. Vous parlez de la loi, du respect
dù à la loi, de cette nécessité pour nous tous de nous courber devant
elle, on voulait plus que la loi. La loi accorde à l'évêque qui entre dans
la ville épiscopale des honneurs militaires qui sont parfaitement spéci-
fiés dans la loi de messidor, an XII : une escorte militaire va au-devant
de l'évêque, le suit et l'accompagne jusqu'à sa demeure. Ensuite, les
visites officielles se font dans l'ordre déterminé. Voilà ce que veut, ce
qu'exige la loi, pas davantage.

Mgr Robert désirait que les corporations pieuses de la ville, qu'un
certain cérémonial usité, paraît-il, particulièrement dans la ville de
Marseille.....

Voix à droite : C'est partout comme cela !

M. le ministre. — Vous m'interrompez à chaque mot ; je raconte
les choses telles qu'elles sont.....

M. le baron de Larcy. — Oh ! non !

M. le ministre. — Mgr Robert désirait donc qu'il se fît une manifestation d'un caractère religieux en même temps que l'hommage des
honneurs publics militaires lui serait rendu.

Pour empêcher précisément que cette manifestation religieuse ne
donnât lieu à une contre-manifestation fâcheuse, laquelle aurait eu un
caractère scandaleux, le préfet disait à Mgr Robert : Nous vous rendrons
bien volontiers les honneurs militaires qui vous sont dus ; nous ne pouvons pas faire davantage.

Mgr Robert appréciant les devoirs de sa charge et le soin de sa dignité
comme il l'entendait, refusa les honneurs qui lui étaient accordés par
le décret de messidor an XII. C'est lui qui n'a pas voulu les recevoir et
s'est rendu à sa cathédrale, puis à son hôtel, sans avoir reçu les honneurs que nous étions prêts à lui rendre.

Voilà, messieurs, la vérité sur l'incident de l'entrée de Mgr Robert.

Mais le cimetière. Vous allez voir que dans cette affaire, l'autorité n'a
pas mérité les reproches si graves que M. de Larcy ne lui a pourtant
point épargnés.

Je suis obligé, à l'occasion de ce fait, de vous lire un rapport, parce
que le récit qui a été fait des incidents qui se produisirent à ce moment,
est tout à fait différent du récit authentique.

Vous avez lu des journaux ; moi je lis un procès-verbal qui a un caractère d'authencité que nous ne pouvons point contester.

Voici, messieurs, ce que raconte l'autorité locale qui fut chargée de
vérifier et de contrôler les faits dont nous avions été saisis par le récit
des journaux.

« Le 31 octobre, un journal de la localité annonçait qu'une procession pourrait avoir lieu le jour de la fête des Morts au cimetière Saint-Pierre. J'eus l'honneur de vous signaler cet article et vous me chargeâtes d'aller trouver M. le Curé de Saint-Pierre, sur la paroisse duquel se trouve le cimetière, pour connaître la vérité.

« Je m'entretins, en effet, avec M. le Curé qui me dit n'avoir pas l'intention de faire une procession, mais bien de donner l'absoute dans le cimetière en ayant soin, par excès de prudence, de s'y rendre en habit de ville, son surplus sur le bras, avec deux enfants de chœur ; qu'au cimetière seulement, il revêtirait ses habits sacerdotaux et procéderait, sans autre apparat, à la cérémonie de l'absoute. »

Vous voyez, messieurs, que le curé de la paroisse se rendait compte mieux que vous ne pouvez le faire des inconvénients qu'il y avait à traverser les rues de Marseille processionnellement (Très-bien ! à gauche.)

« Le jour de la Toussaint beaucoup de familles se rendirent au cimetière Saint-Pierre ; comme les années précédentes, le recueillement fut observé et tout se passa avec convenance. La journée du lendemain paraissait s'annoncer de même, lorsque le matin du 2, je lus dans la *Jeune République* qu'une délégation devait se rendre à la tombe d'Esquiros et que le rendez-vous du départ était fixé rue Saint-Gilles, à 10 heures 1/2 du matin. »

Les entrevues entre le clergé et l'autorité locale continuèrent. On signalait à M. le curé quel pourrait être l'inconvénient de la rencontre de deux processions en un même lieu (Exclamation à droite. — Bruit prolongé).

M. le baron de Lareinty. — L'autorité n'existe plus alors.

M. le ministre. — Il vaut mieux prévenir les tumultes que d'avoir à les réprimer.

M. de Belcastel. — Dites que vous avez abaissé la liberté du culte devant des menaces de manifestations.

M. le ministre. — J'ai eu l'honneur de faire précéder ma discussion, monsieur de Belcastel, par l'énoncé d'une doctrine parfaitement légale. Vous me dites que j'abaisse la liberté du culte devant mes craintes; je vous le répète, la loi en main, que j'ai fait respecter la liberté du culte, et que la liberté du culte n'exige pas le moins du monde qu'on fasse des processions dans les rues (Très-bien ! très-bien ! et applaudissements à gauche.)

M. Fournier. — C'est au nom de la liberté de conscience que nous protestons !

M. le ministre. — Je continue ma lecture :

« M. Laurent nous fit connaître que M. le curé de Saint-Pierre venait d'annoncer en chaire, à la grand'messe, que la cérémonie de l'absoute aurait lieu à deux heures et demie du soir; il avait invité les congrégations de la paroisse à se joindre au clergé : qu'en l'état, une véritable procession se trouverait formée pour ainsi dire spontanément dans le cimetière.

M. Fournier et plusieurs sénateurs à droite. — Dans le cimetière !

M. le ministre. — Est-ce que le cimetière n'est pas un lieu public, messieurs ?

Voix nombreuses à droite. — Non ! non !

M. Pelleport-Burète. — Vous n'avez pas le droit d'interdire dans les cimetières les manifestations du culte !

M. le ministre. — J'ose me permettre de vous faire observer que toutes les fois qu'il s'agit de votre cause vous interprêtez les lois à votre guise, et que vous changez même à votre gré le caractère des lieux. Je vous répète que les cimetières sont des lieux publics (Interruptions à droite).

M. le Président. — Vous répondrez, messieurs, mais n'interrompez pas constamment !

M. le ministre, continuant à lire... « qu'en l'état une véritable procession se trouverait formée pour ainsi dire spontanément dans le cimetière, avec bannières des congrégations, cierges, etc., et que tout faisait craindre qu'une manifestation se produisît en même temps de la part des libres-penseurs. (Exclamations à droite.) S'il m'est permis de faire connaître mon appréciation personnelle sur l'incident du 2 novembre, je vous dirai, monsieur le préfet, que s'il est profondément regrettable que le clergé de Saint-Pierre n'ait pu donner l'absoute au cimetière cette année le jour de la fête des Morts, alors qu'en 1871 aucun obstacle n'avait été apporté à cette cérémonie, bien que ces processions avaient été interdites par l'administration d'alors, que si cette interdiction sert de prétexte à une certaine presse pour attaquer avec plus de violence et d'acharnement encore les actes de l'autorité municipale, il n'en faut pas moins reconnaître que le clergé et les catholiques militants de la paroisse Saint-Pierre ont été animés d'un zèle bien imprudent... (Rumeurs à droite) en préparant à la dernière heure... » (Bruit à droite.)

Je le regrette bien, mais il faut que les faits soient établis d'une manière exacte. (Interruptions).

M. le président. — N'interrompez pas, messieurs ; vous prolongez le débat !

M. le ministre... « Une véritable procession dont les conséquences pouvaient compromettre la religion et causer un épouvantable scandale » (Protestations à droite).

Eh bien, l'autorité locale est responsable de la tranquillité publique, et lorsque la paix publique est troublée, vous savez bien à qui vous en prendre ; vous nous reprochez alors de n'avoir pas assuré toutes les mesures nécessaires pour empêcher que cette paix soit troublée.

Je ne dis pas que vous êtes heureux de trouver l'occasion de nous faire de semblables reproches ; mais enfin, vous en profitez. Et lorsque, dans une ville comme Marseille, les autorités sont assez sages pour empêcher les troubles de naître, vous vous plaignez encore ! (Réclamations à droite).

C'est pourtant ce qu'a fait l'autorité locale de Marseille dans cette circonstance, comme dans toutes les autres.

L'autre fait est celui de Gaston Crémieux.

A cet égard, voici ce qui s'est passé :

Nous avions appris, en effet, qu'il devait y avoir une manifestation au cimetière où est enterré Gaston Crémieux, manifestation provoquée évidemment par des sentiments politiques que je déplore.

Voici les mesures qui furent prises par le maire de Marseille, sur l'avis de M. le Préfet. Je vais vous lire son arrêté. C'est un ordre de police, et vous allez apprécier combien a été sage et résolue la conduite du maire de Marseille et combien vous avez été injustes envers lui. (Exclamations à droite.)

« ORDRE DE POLICE

« M. le commissaire central se portera à neuf heures sur la place Saint-Michel avec le nombre d'agents qu'il jugera convenable, mais qu'il devra dissimuler le plus possible, tout en les plaçant de manière à les avoir sous la main au premier signal. Il devra empêcher les manifestants de se rendre en cortège jusqu'au cimetière Saint-Pierre, d'abord par la persuasion et, si sa voix était méconnue, par la force.

« A partir de neuf heures, un service d'agents, commandés par un commissaire de police, veillera à ce que personne n'entre, à quelque titré et pour quelque motif que ce soit, dans le cimetière israélite.

M. le commissaire central mettra à la disposition du premier adjoint faisant fonctions de maire un commissaire de police et vingt agents, qui recevront directement les instructions du magistrat municipal. »

Le soir même, je recevais cette dépêche :

« Le commissaire central revient du cimetière ; tout est terminé ; aucun incident ne s'est produit ; 500 personnes au plus se sont rendues au cimetière. Le maire, assisté d'un commissaire de police, a veillé à ce qu'aucun discours ne soit prononcé ». (Exclamations à droite).

Ces mesures ont été prises, précisément pour empêcher des scènes déplorables dont vous n'auriez pas manqué de nous rendre responsables.

M. le baron Le Guay. La police a laissé déposer des couronnes sur la tombe de Gaston Crémieux, et elle a laissé arracher celles de la statue de Belsunce ! (Bruit prolongé).

M. le ministre de l'intérieur. Ce fait est articulé par un honorable sénateur dont j'ignore le nom, mais il n'est pas constaté dans les pièces que j'ai entre les mains. (Vive interruption à droite).

M. le président. N'interrompez pas, messieurs.

M. le ministre de l'intérieur. Du reste, il ne s'agit plus en ce moment de la statue de Belsunce, mais de l'affaire Gaston Crémieux.

La dépêche se termine ainsi :

« Les porteurs de couronnes seuls entrèrent au cimetière : la ville est parfaitement calme. »

Voilà ce qui s'est passé.

Vous voyez que dans cette circonstance, comme dans toutes les autres, l'autorité locale a apporté dans l'exercice de ses devoirs la fermeté qu'exige l'application de la loi avec les tempéraments nécessaires quand on traite avec les personnes et avec les pouvoirs municipaux. (A gauche : Très-bien !)

C'est la règle de conduite que nous suivons et que nous suivrons toujours et partout. Oui, nous veillons et nous veillerons partout et toujours à ce que la loi, mais la loi seule, soit appliquée...(Interruptions à droite.—Très-bien ! très-bien ! à gauche.)... appliquée, mais non pas interprétée suivant la fantaisie de personnes qui prétendent ajouter aux lois. (Marques d'approbation à gauche. — Réclamation à droite).

La loi respectée partout, pratiquée partout, et appliquée. (A gauche Très-bien !)

Mais l'autorité apporte dans l'exercice de son droit l'équité, les tempéraments nécessaires, l'esprit de conciliation qui doivent guider un gouvernement sage, mesuré et prudent.

C'est là ce que vous appelez dans votre langage une sorte d'esprit de soumission...; je l'appelle, moi, le respect de la loi. (Très-bien ! à gauche.) Ce que vous voudriez que nous fissions sans doute.... (Dénégations à droite)... c'est d'appliquer la loi comme vous l'appliquiez naguère, il n'y a pas encore bien longtemps....(Rires approbatifs à gauche.)

Pour nous, pour le pays, cela porte un autre nom : cela s'appelle de la compression, compression vaine d'ailleurs et inefficace ; cela s'appelle de la tyrannie insupportable... (Exclamations à droite)... que le pays n'a pas voulu subir et qu'il n'est pas décidé, croyez-moi, à subir davantage dans l'avenir. (Interruptions à droite).

Vous nous parlez des troubles qui s'élèvent de toutes parts, des désordres que l'on remarque en France.

M. le baron de Lareinty. — Il n'a été question que de Marseille.

M. le ministre. — On a parlé l'autre jour, permettez-moi de vous le rappeler, de l'anarchie qui règne en France...

Une voix à droite. — Qui a parlé de cela?...

M. le ministre. — Un de vos honorables collègues.

M. Chesnelong. — Est-ce à moi, monsieur le ministre, que vos paroles s'adressent ?

M. le ministre. — Oui, je crois que vous avez parlé d'anarchie.

M. Chesnelong. — J'ai dit qu'en France, grâce à Dieu, l'ordre matériel n'était pas troublé ; j'ai ajouté que l'anarchie était malheureusement dans les intelligences. Mais à entendre les théories que vous venez de porter à la tribune, je me prends à croire que l'anarchie a pénétré dans le pouvoir lui-même. (Vifs applaudissements à droite).

M. Tolain. — C'est l'anarchie latente.

M. le ministre. — Je crois que l'honorable M. Chesnelong se trompe ; ce qu'il appelle l'anarchie dans les intelligences a un autre nom : cela s'appelle l'unanimité de plus en plus faite dans les intelligences, des sentiments et des opinions qui sont contraires aux siens. Voilà la vérité.

A gauche. — C'est cela. Parfaitement !

M. le ministre. — Voilà ce que vous appelez l'anarchie des intelligences, c'est l'unanimité de la nation entière... (Vive réclamation à droite. — Approbation à gauche) se ralliant de plus en plus aux principes de ce Gouvernement qui est assis sur ces bancs et pour lequel vous exprimiez l'autre jour une certaine compassion dont j'ai été très touché pour mon compte... (Rires à gauche)... mais dont je me console en pensant que l'illustre M. Dufaure en était aussi l'objet (Vive approbation à gauche).

Ce gouvernement n'est, du reste, — c'est du moins ma pensée, — que le continuateur d'une politique que vous avez célébrée, à laquelle vous avez rendu une justice, il est vrai, bien tardive, c'était celle de M. Thiers. (Très-bien ! très-bien ! à gauche).

M. le baron de Larcy. — M. Thiers a fait tout le contraire de ce que vous faites. (Agitation).

Un sénateur à gauche. — Pourquoi l'avez-vous renversé ?

M. le baron de Larcy. —Je vais vous répondre immédiatement.(Bruit). Voulez-vous me laisser vous répondre...

Voix nombreuses à gauche. — N'interrompez pas.

M. le président.— Messieurs, permettez à votre président, par respect pour la dignité des discussions du Sénat, de ne pas admettre, ce qui est contraire au règlement, ces interpellations de collègue à collègue.

Il est nécessaire que le président maintienne cette règle de discipline qui a conservé jusqu'à présent à nos délibérations tant de calme et de dignité.

M. le ministre. — Lorsque vous regrettez que de temps à autre la paix publique soit troublée, lorsque vous parlez d'anarchie dans les intelligences, lorsque vous parlez de ces excitations par lesquelles les citoyens semblent animés les uns contre les autres de sentiments détestables; si vous le regrettez, je le regrette aussi, quoique je constate que cela n'existe pas au même degré que vous le dites. Mais quelle en est la cause? Est-ce nous qui sommes responsables de cet état des esprits dans le pays? Cette lutte, elle durera trop longtemps sans doute.... (Ah! ah! à droite).

Elle durera certainement tant qu'il y aura dans ce pays-ci un parti qui s'appelle le parti de la contre-révolution.... (Très-bien! — Vifs applaudissements à gauche. — Bruit à droite). Un parti qui s'attaque aux principes les plus certains, les plus passionnément acceptés par ce pays, au principe de la souveraineté nationale ... (Vive approbation à gauche) et du suffrage universel; qui s'attaque même....

M. Fournier. — Il n'est pas question de cela ! On demande la liberté de prier sur les tombes !

M. le ministre. — Je ne réponds pas à M. Fournier en ce moment.

Je réponds au parti qui s'attaque même aux conséquences les plus heureuses de la Révolution, aux institutions libérales et aussi à cet acte précieux entre tous, qu'on appelle le Concordat et que vous, vous reniez (Vives protestations à droite. — Très-bien ! à gauche).

M. Chesnelong. — Quel est. le catholique qui ait jamais renié le Concordat?...

Un sénateur sur les mêmes bancs. — Apprenez donc l'histoire !

M. le ministre. — Je dis que tant que le parti qui s'intitule fièrement « au dehors tout au moins » le parti de la contre-révolution restera armé et qu'il ne voudra pas accepter les principes de la Révolution française, dans ce qu'ils ont de sage et de raisonnable...

Voix à droite. — Où est-il ce parti?

M. le ministre .. Vous serez exposés à voir maintenir cet état de lutte qui sépare les esprits, qui maintient les dissentiments, qui divise les cœurs, lutte que, pour mon compte, je deplore et que je m'efforce de faire cesser en ce qui me concerne... (Oh ! oh ! à droite).

Oui, Messieurs, avec le concours de mes collègues, celui des Chambres et du pays surtout, nous espérons bien y mettre un terme un jour. (Applaudissements répétés à gauche).

M. le baron de Larcy. — Je comprends que le Sénat veuille clore la discussion, et je ne veux pas la prolonger; mais je tiens seulement à porter ici un document que j'avais négligé tout-à-l'heure et qui est une réponse péremptoire et victorieuse à ce que vient de dire M. le ministre de l'intérieur.

Voici un journal républicain, qui n'est pas du parti de la contre-révolution, mais qui garde une certaine indépendance dans ses appréciations.

Il publiait l'article suivant au mois de juillet, après les scènes qui nous occupent. Le *Petit Marseillais,* journal républicain, — entendez-bien, — dit :

« En premier lieu, nous ne saurions, sans nous démentir, contester que si la municipalité avait laissé faire les processions comme à l'ordinaire, ou du moins celle à laquelle Marseille est la plus attachée, notre ville n'aurait pas été le theâtre des scènes regrettables qui, dans la journée d'avant-hier, ont affligé le cœur de tout bon Marseillais. C'est en vain que l'on invoquerait précisément ces scènes de désordre pour faire ressortir combien a été opportun l'arrêté de M. le maire. Jamais nos processions, aux époques les plus troublées, n'ont été le prétexte du moindre désordre : elles n'auraient pas été davantage prétexte à désordre cette année.

M. le ministre de l'intérieur. — Ce journal n'a pas la responsabilité de la paix publique.

M. le baron de Larcy. — Il n'a pas, dites-vous, la responsabilité de la paix publique,

Mais elle a été troublée cette année pour la première fois, et elle ne l'avait pas été l'année dernière. Et quand l'honorable M. Thiers a fait casser l'arrêté du maire de Marseille, la paix publique n'a pas été troublée davantage: les processions se sont faites avec l'assentiment unanime.

Un sénateur à gauche. — Les processions du 16 mai n'avaient pas eu lieu.

M. le baron de Larcy. — Maintenant, quant à la question du cimetière, je n'ai qu'à dire un mot, c'est qu'il y a quelque chose de monstrueux à venir soutenir ici que le cimetière catholique tout entier est confisqué parce qu'on y a inhumé une personne qui n'appartenait pas au culte catholique, et que dorénavant, parce qu'il y a eu une inhumation que je ne veux pas qualifier, dorénavant les prières seront toujours interdites dans ce cimetière. Je dis toujours, car il suffira, comme l'a dit M. le commissaire de police, que les libres-penseurs témoignent l'intention de faire du tapage dans le cimetière pour que vous vous mettiez à genoux devant eux. (Réclamations à gauche. — A droite : Très-bien !)

M. le président. — La parole est à M. Baragnon.

A gauche. — Aux voix ! — La clôture !

M. Baragnon, à la tribune. — Vous demandez la clôture !

A gauche. — Oui ! oui !

M. Baragnon. — Eh bien, faites-la voter. Votez-la!

A droite. — Parlez ! parlez !

M. le président. — Insiste-t-on pour la clôture ?

Voix diverses. — Oui ! — Non ! — Parlez !

M. Le Royer. — Nous demandons la clôture !

M. le président. — La clôture étant demandée...

Un sénateur à droite. — On a toujours le droit de répondre à un ministre !

M. le président. — On a répondu. Si un membre du Sénat n'était pas monté à la tribune après M. le ministre, je maintiendrais le droit de répondre...

M. Baragnon. — Vous avez raison, monsieur le président.

M. le président... mais du moment où il lui a été répondu, je dois mettre la demande de clôture aux voix.

Voix nombreuses à gauche. — On n'insiste pas.

M. le président. — La parole est à M. Baragnon.

M. Baragnon. — Je n'abuserai pas bien longtemps, messieurs, de la patience du Sénat. Je dois même dire qu'après l'honorable M. de Larcy, descendant de cette tribune et ayant traité la question des faits accomplis à Marseille avec une expérience si incontestable et un si réel talent, il ne me serait pas permis d'occuper longtemps la tribune après lui.

Oui, je ne monterais pas à cette tribune si je ne voulais répondre, après l'avoir dégagée, à une thèse de gouvernement profondément dangereuse, que M. le ministre de l'intérieur a portée à cette tribune ? (Adhésion à droite.) Quoique les affaires de Marseille me préoccupent beaucoup, quoique la question soit par elle-même importante, j'ose dire qu'elle a pris, par les déclarations et par le système de M. le ministre de l'intérieur, une importance plus considérable encore. (C'est vrai ! à droite.) En effet, si les principes qu'il a exposés doivent prévaloir, si le système qu'il a indiqué reçoit votre approbation, s'il est mis en pratique, ce n'est pas Marseille seule qui doit en souffrir, messieurs, c'est la France entière. (Vive approbation à droite.)

C'est la France entière, et je vais le démontrer à M. le ministre de l'intérieur ; je ne dis pas au gouvernement (Ah ! ah ! à gauche) ; car, bien que les membres du gouvernement soient solidairement responsables en principe, chacun des ministres est responsable des actes de son ministère, et cela me suffit., car j'ose espérer que si le ministère de l'intérieur avait été dans d'autres mains, ce qui s'est passé n'aurait pas eu lieu. (Très-bien ! très-bien ! à droite.)

M. le ministre de l'intérieur a procédé d'abord d'une façon qu'il a supposée habile et qu'il faudrait démasquer, si déjà le Sénat ne l'avait fait. Il a déplacé la question. Il s'est donné le plaisir d'établir une sorte de lutte entre la Révolution et la contre-révolution, entre le 16 mai et son ministère, toutes choses qui ne sont pas dans la question. (Nouvelle approbation à droite.)

Et voici pourquoi elles n'y sont pas : quel que soit le gouvernement, quelle que soit sa forme, quels que soient les principes qui président à son organisation, il y a un minimum de droit et de libertés auquel les peuples civilisés et chrétiens ont droit (Très-bien ! à droite) ; et, qu'on soit en république, en monarchie, penchât-on du côté de la Révolution ou de la contre-révolution, selon la signification que l'on veut donner à ces mots, quelquefois difficiles à définir, quand on gouverne un grand pays comme la France, on a le devoir étroit d'assurer aux citoyens la liberté (Exclamations ironiques à gauche) et aux consciences religieuses la sécurité. (Très-bien ! à droite.)

Vous aviez donc tort, monsieur le ministre, lorsque, au début de votre réponse à l'honorable M. de Larcy, vous vous étonniez qu'après avoir combattu l'établissement de la République, même avec l'épithète de conservatrice, on vint revendiquer contre vous les promesses de cette épithète ; vous aviez tort, c'est notre droit !

Dans des circonstances bien solennelles, on nous a dit qu'on voulait faire la République conservatrice, nous avons voté contre elle quand il s'agissait de l'établir ; c'était notre devoir, nous que nos convictions rattachaient à d'autres formes de gouvernement ; mais nous la voulons conservatrice, maintenant que nous l'avons ! (Ah! ah ! — Très-bien ! et rires à gauche. — Assentiment à droite.)

Ah ! vraiment, cela vous étonne ? cela vous étonne que je prenne acte de vos promesses, que je les souligne et que j'en demande pour mon pays l'accomplissement ?

Mais que sèriez-vous donc si vous ne les teniez pas, sinon des hommes qui auriez trompé la France ? (Très-bien ! à droite.)

Vous lui dites sur tous les tons qu'on peut vous suivre, qu'on peut voter pour vos candidats ; vous le lui répéterez demain, pour essayer d'obtenir dans cette enceinte une majorité dont, quant à moi, je ne suis pas encore certain, vous lui direz qu'il peut avoir confiance en nous, qu'il peut voter avec vos préfets, avec la certitude que la liberté de conscience religieuse sera protégée ! Eh bien, il est bon qu'il sache comment vous entendez cette protection dans l'avenir: si vous faites ce que vous avez déjà fait, ce que promet le langage que nous venons d'entendre ! (Exclamations et rires à gauche.)

Un sénateur à gauche. — Ce n'est pas le ton dont on parle au Sénat.

M. Baragnon. — Je veux examiner en peu de mots le programme que M. le ministre vient de vous montrer en action ; mais auparavant, j'ai une réflexion à vous soumettre. Il est un souvenir que vous nous défendez quelquefois de répéter ; vous nous l'avez dit tout à l'heure avec une certaine ironie : vous n'aimez pas qu'on vous parle même de M. Thiers (Nouveaux rires à gauche)... et, toutes les fois qu'un de nous abrite les idées qu'il défend sous l'autorité d'un homme que vous prétendez revendiquer pour vous seuls, il y a toujours quelqu'un à gauche pour crier : Mais, vous l'avez renversé ! (Oui ! oui ! à gauche.) Je ne parle que pour moi : Je le crois bien, que je l'ai renversé ! J'ai fait de mon mieux pour cela, parce qu'il conduisait mon pays vers un avenir politique que je ne croyais pas bon pour lui : la République ! (Très-bien ! à droite.) Mais j'ai bien le droit d'invoquer son autorité à propos de toutes les questions où il était vraiment conservateur, où il était contre vous, car vous n'avez eu que son nom, messieurs de la gauche : toutes les opinions de sa vie sur les questions qui touchent de plus près à l'organisation sociale, toutes ses opinions différaient des vôtres !

Il vous l'a dit à cette tribune où je vous parle, dans cette même salle : « Savez-vous, disait-il à peu près textuellement, pourquoi on applaudit à gauche? On sait bien que ni sur l'armée, ni sur la religion, ni sur la magistrature, sur rien en un mot, je ne suis d'accord avec la gauche ! On m'applaudit parce que j'accepte la République ! » Et l'on applaudissait en effet.

J'éprouve, je l'avoue, quelque plaisir à rappeler ce souvenir, au lendemain du jour où le système financier si laborieusement et si sagement édifié par lui, a succombé sous le vote de la Chambre des députés avec l'approbation d'un ministre qui, autrefois, l'aurait défendu. (Approbation à droite).

Par une heureuse fortune, voilà que je puis encore invoquer l'opinion de M. Thiers à propos de ces processions de Marseille.

Il les permettait, lui, et il avait, pour les permettre, deux raisons : d'abord, il savait qu'un pays a besoin de liberté et de respect pour les manifestations de sa foi religieuse, et puis, voulez-vous l'autre motif, d'un ordre un peu inférieur, mais bien vrai : il était Marseillais, ou à peu près ; et, en cette qualité, il savait mieux que personne combien ces cérémonies tiennent au cœur d'une population vive et croyante.

Il les avait donc autorisées, et vous, messieurs, vous qu'il a conduits au terme de vos désirs, vous qu'il a poussés au pouvoir, sur ces questions délicates de la conscience comme sur les questions de finances, comme sur d'autres peut-être demain, vous agissez comme il ne vous l'aurait pas permis ! (Très-bien ! à droite. — Bruit à gauche).

Ah ! j'ai bien des raisons de regretter qu'il ne soit pas ici, pour vous ramener un peu au bon sens qui seul peut sauver votre République ! (Bruyantes exclamations et rires à gauche. — Très-bien ! à droite).

Un sénateur à gauche. — Il faut être poli au moins.

M. le président. — Monsieur Baragnon...

M. Baragnon. — M. le président m'avertit et, sur un seul mot de lui, vous le voyez, je comprends la faute que j'ai commise ; je reconnais que, constitutionnellement, j'ai été un peu loin.

Plusieurs sénateurs à gauche. — Mais, non !

M. Tolain. — Cela ne nous touche pas, vous pouvez recommencer !

M. Baragnon. — Dieu me garde d'attaquer la Constitution à une heure où je n'en ai pas le droit. J'ai seulement voulu dire, en faisant appel au souvenir de la politique de M. Thiers, à l'ensemble de ses idées, que j'aimerais mieux les voir appliquer par ceux qui prétendent continuer son œuvre, plutôt que de les trouver continuellement contredites dans les faits comme elles le sont aujourd'hui, et que la République n'y perdrait rien. (Interruptions à gauche. — Continuez ! continuez !)

Maintenant que j'ai dissipé, je l'espère, l'équivoque que M. le ministre de l'intérieur avait créée, je lui demande la permission de résumer en un mot son système de gouvernement, et j'estime que le resumer, l'exposer au pays, permettez-moi de le dire, messieurs, c'est le condamner. (Rires à gauche).

Que nous a dit M. le ministre de l'intérieur à propos des diverses entraves portées à Marseille à l'exercice public du culte catholique ? Il a cité un article du Concordat qui, d'après lui, aurait été légitimement appliqué. C'est celui-ci :

« La religion catholique, apostolique et romaine sera librement exercée en France. Son culte sera public, en se conformant aux règlements de police que le gouvernement jugera nécessaires pour la tranquillité publique. »

On pourrait déjà se demander si ces règlements de police que le gouvernement peut juger nécessaires pour la tranquillité publique ne sont pas des actes de l'autorité supérieure, et si l'on peut appeler ainsi des arrêtés municipaux livrés dans chacune de nos communes au bon plaisir de messieurs les maires.

S'il devait en être ainsi, messieurs, et si cette interprétation de M. le ministre de l'intérieur devait prévaloir, ah ! c'en serait fait, au point de vue moral de notre unité nationale. Il y aurait, dans chaque commune, un tas de petits tyrans, ou plutôt un seul tyran, le maire, qui prétendrait fixer nos droits au nom de la tranquillité publique, et qui ferait de son chef, pour sa commune, un règlement sur la liberté des cultes.

M. le ministre de l'intérieur. — Sous l'autorité des préfets !

M. Baragnon. — Je ne pense pas que ce soit admissible, et je le pense d'autant moins, que M. le ministre de l'intérieur nous a dit comment les choses se passent.

On fait maintenant des élections municipales en France, dans certaines communes et notamment à Marseille, non pas sur l'intérêt de la commune, non pas sur telle ou telle question capitale qui touche à son avenir, sur ces graves questions qui peuvent si légitimement diviser les élections. Non, à Marseille on a fait, paraît-il, des élections municipales sur le point de savoir s'il y aura oui ou non des processions dans la ville.

Voilà ce que M. le ministre de l'intérieur nous a dit ; voilà ce qu'il subit, ce dont il accepte les conséquences !

J'affirme qu'il y a là un danger considérable : que c'est livrer ainsi la liberté de conscience aux entreprises électorales des hommes qui voudront imposer leurs opinions à ceux qui ne les partagent pas. Cette liberté ne saurait se mettre aux voix.

M. le ministre de l'intérieur a ajouté : Que puis je y faire ? On nous menace de contre-manifestations. Les catholiques veulent, comme c'est leur droit, faire une procession, immédiatement, contre-manifestation : — on veut porter des couronnes à la statue d'un saint et héroïque évêque : contre-manifestation ; — on veut recevoir solennellement, non point seulement le nouvel évêque de Marseille tout seul entre quelque soldats, mais l'évêque est entouré de son clergé, selon les convenances et l'usage : contre-manifestation ; — enfin, on veut aller au cimetière prier pour ses morts, accomplir ces pieuses cérémonies que les incrédules eux-mêmes respectent : contre-manifestation.

Et cela a, d'après vous, permis aux autorités municipales de Marseille d'interdire le libre exercice de notre culte. Eh bien, permettez-moi de vous le dire, monsieur le ministre, vous avez donné là une recette à tous les révolutionnaires et à tous les tapageurs de nos communes. (Vive approbation et applaudissements à droite). Vous leur avez donné la recette ; je hasarde cette expression de ménage, elle est vulgaire... Le collègue qui m'a interrompu tout à l'heure dira peut-être qu'on ne parle pas ainsi au Sénat ; mais je n'en connais pas d'autre qui définisse mieux le procédé que vous leur indiquez.

Il est vrai qu'il faut être deux pour que la recette réussisse ; celui qui l'emploie et celui qui la laisse réussir ! Le rôle du second, monsieur le ministre, ne vaut pas mieux que celui du premier ! (Très-bien ! à droite.)

Un sénateur à gauche. Vous êtes sévère.

M. Baragnon. — Voilà donc qui sera désormais entendu ! Toutes les fois qu'une manifestation religieuse autorisée par la loi, par le temps, par un usage séculaire, voulue par la conscience, approuvée, admirée par ceux-là mêmes qui ne partagent pas les convictions qui y donnent naissance ; toutes les fois qu'une manifestation de ce genre déplaira à des impies, ou simplement à des tapageurs, ce sera fini. Ils annonceront leur contre-manifestation, ils la prépareront au besoin, ils l'effectueront et la pousseront quelquefois jusqu'à des extrémités que l'honorable M. de Larcy n'a pas osé vous dire, mais que moi, peut-être moins réservé que lui, je vais vous faire connaître. (Applaudissements à droite.)

On a trouvé — je n'ai pas d'expression pour les flétrir — des gens qui ont osé grimper sur les épaules de la statue de Mgr de Belsunce pour souffleter sa figure de bronze ! (Mouvement d'indignation à droite.)

Vous m'entendez bien !.... N'est-il pas vrai que ce sont tous les honnêtes gens en France qui ont reçu ces soufflets! (Vive approbation à droite.)

On en a trouvé encore qui, à ce même moment où l'on venait d'arracher les couronnes, ont attaché au cou du vénérable prélat une
botte de paille ! Et ce n'est pas tant cette botte de paille que je contemple avec horreur ! Ce qui me fait horreur, c'est que pendant près
de quarante-huit heures ce signe de mépris soit demeuré là sous les
yeux de la police inactive ! (Bruyantes exclamations à droite.)

Ainsi, des émeutiers ont pu frapper sur la joue la statue de l'évêque
et y ajouter ce signe d'infamie ; et pendant ce temps la police, qui est
aux ordres de la municipalité, les bras croisés, assistait à cette opération ! Voilà ce qu'il faut dire bien haut à la France ! (Vive approbation
à droite.)

Je puis me dispenser maintenant d'entrer dans le détail des poursuites qui ont pu avoir lieu. Oui, sans doute, il y a eu des deux côtés
certaines résis¹ances que je ne puis cependant mettre sur le même pied ;
mais enfin il n'y a eu, a dit M. le ministre, que des peines légères prononcées contre ce que j'appelle de coupables agitateurs. Soit, je n'en ai
pas la nomenclature exacte ; mais tenez, s'il n'y a eu que des peines
légères, je vais vous en donner une explication, c'est que le gros gibier
avait disparu (Sourires), permettez-moi encore cette expression, et que
la porte lui avait été ouverte par la complicité de certains conseillers
municipaux, selon des déclarations que personne n'a contestées.

Voilà ce qu'il est bon qu'on sache dans le pays; voilà ce que le Gouvernement vient d'excuser, ou plutôt M. le ministre de l'intérieur, car
c'est à lui seul que je veux m'en prendre sur ce point, parce que c'est lui
seul qui a commis la faute. (Rumeurs à gauche. — Oui ! oui ! à droite.)
Il faut qu'on sache que désormais il suffira de menacer d'une contre-
manifestation pour empêcher l'exercice des droits les plus légitimes.

Et cependant M. le ministre de l'intérieur nous a dit quelque chose de
plus grave encore. Il y aurait eu, d'après lui, certaines provocations
de la part de ceux qui voulaient accomplir les cérémonies antérieurement autorisées par l'usage et réclamées par la foi.

En nous rendant compte de la cérémonie accomplie le vendredi
matin dans une église, de ces couronnes déposées la veille sans tumulte,
de ce rendez-vous à la cathédrale, M. le ministre de l'intérieur nous a
dit : On s'y rendait tranquillement, mais enfin il y avait là des gens
qui n'étaient pas partisans de l'ordre de choses actuel. C'est à peu près
ce que disait M. le ministre.

M. le ministre de l'intérieur. — Très-à peu près !

M. Baragnon. — Oui, il y avait là, peut-être, des gens qui ne partagent pas vos opinions, et qui, s'il s'agissait de voter pour vous,
auraient la criminelle pensée de vous refus r leur voix. Les voilà
suspects! Leur présence est une provocation ! Faudra-t-il donc pour
prendre part à une cérémonie religieuse vous demander préalablement
un certificat de civisme, tel que vous le comprenez ? Si l'on vote contre
le Gouvernement, si l'on ne trouve pas que tout est pour le mieux
aujourd'hui en France, la procession deviendra provocatrice, séditieuse;
elle excusera les contre-manifestations. Que dis-je ! elle cèdera devant
elles, et on n'exercera librement son culte, comme par le passé, qu'à la
condition d'être de vos amis !

Voilà, monsieur le ministre, ce que veut dire votre langage, et qu'il faut que le pays entende. (Très-bien ! à droite.)

Je ne parle plus de ce qui s'est passé au cimetière, ou plutôt de qu'on y a interdit. Sur ce point la loi est formelle. Les lieux de sépu ture catholiques sont assimilés aux églises. Ce sont des lieux publi sans doute, mais des lieux consacrés au culte. L'interdiction de M. maire de Marseille n'est pas défendable un seul instant.

Il est temps, je crois, de m'arrêter…

Voix nombreuses à gauche. — Mais non ! continuez !

M. Baragnon. — Je m'arrête, parce que mon but est atteint, vous comprenez bien. Je suis arrivé au terme d'observations que je considè comme essentielles. Le pays, messieurs, les entendra ; il tient bea coup plus que vous ne le pensez à la liberté de sa foi, et il tient aus à une autre chose, à savoir la fermeté de son Gouvernement vis-à-v des hommes de désordre. Au fond, c'est là un des caractères essentie de la France, elle entend que ceux qui ont l'honneur de la gouverne fassent sentir leur action pour la défense des lois et la sécurité de chacu (Bruit à gauche.) Ce que je reproche au ministre de l'intérieur, c'e précisément d'avoir abandonné le côté le plus élevé de cette mission.

Et maintenant je le reconnais et je le regrette, je ne puis pas don à ma conclusion une forme pratique.

Nous sommes en matière budgétaire et je voterai le budget (Ah ! a à gauche.)

Cela vous étonne ? (Non ! à gauche.)

Je dis que quand même je serais plus douloureusement affecté d actes que je déplore, je voterais le budget.

Je ne répèterai pas ce qu'a dit l'honorable M. Chesnelong, avec ta d'éclat et d'autorité, mais je considère que ce peut être un crime c refuser systématiquement, d'une manière absolue, le budget non seu lement au Gouvernement, mais en réalité au pays. Par conséquent, le voterai ; mais, n'ayant aucun ordre du jour à proposer, je me bor à prier M. le ministre, — lui ou son successeur, s'il m'entend, car l ministres ne sont pas éternels, — de vouloir bien, dans l'intérêt mê du Gouvernement qu'il sert, dans l'intérêt de la forme constitutionnel qu'il affectionne, je le prie de ne pas conformer sa politique à ses thé ries. Qu'il assure aux hommes calmes, à ceux qui ne font pas de man festations subversives, aux hommes religieux, la paix, la tranquillité le libre exercice de leurs croyances. Autrement, qu'il prenne garde !

Lorsqu'il suffira de manifester, de faire du bruit, de descendre da la rue pour être écouté ; lorsque ces manifestations rencontreront deva elles une telle faiblesse que le bien en sera empêché et le mal autoris quand on défendra nos cérémonies religieuses et qu'on permettra c porter des couronnes sur la tombe des criminels, alors la France ver l'abîme, et le Gouvernement qui aura cru défendre la République l'aur perdue. (Vifs applaudissements à droite. — L'orateur reçoit les félici tations d'un grand nombre de ses collègues.)

A gauche. — Aux voix ! aux voix !

9 782013 182645